Zum Buch

Ob munter oder mystisch: In ihrem jüngsten Sammelband vereint Topsy-Sophia Schmitt ("Wanderin im Paradiese", "Minotaurus in den Sternen") verschiedenartige literarische Impressionen zwischen Zimtzauber und Flockenpracht.

Für den heiteren Einstieg sorgt "Thunfischweihnacht", eine Komödie in drei Akten. Das familienfreundliche Theaterstück erzählt vom Missgeschick eines Katers, welches der jungen Vegetarierin Clementine gewissermaßen eine Sinnkrise beschert.

Zudem beschreiben elf Gedichte die Magie und Geheimnisse eines meist wohlwollenden Winters, sei es in Gestalt von Beobachtungen oder lyrischen Legenden. So entstanden höchst ungewöhnliche Stimmungsbilder, die besonders an vorweihnachtlichen Tagen zum Träumen und Nachdenken anregen.

„Früher war mehr Lametta."
- Opa Hoppenstedt.

Topsy-Sophia Schmitt

Tanz des Schneevogels

Literarisches zur Winterzeit

⊓ tredition

© 2024 Topsy-Sophia Schmitt

Druck und Distribution im Auftrag der Autorin:
tredition GmbH, Heinz-Beusen-Stieg 5, 22926 Ahrensburg,
Deutschland

ISBN
Paperback   978-3-384-42742-7

Thunfischweihnacht

Eine Komödie in drei Akten

Die Katzen:
CASPAR
ERDBEERCHEN
AURORA
LIONELLA
MARA
MONRICK

Die Pferde:
SPEKULATIUS
ZIMTSTERN
MARZIPAN

Die Menschen:
CLEMENTINE
NIKOLAS
PAPA NOEL
RUDOLF

AKT EINS:
VOR GERICHT

Der Eingangsbereich eines alten, längst verwaisten Lichtspielhauses. Tapete und Mobiliar wahren das Ambiente einer verlorenen Zeit, doch der Raum ist von einer unbeschwerten Ruhe erfüllt. Sechs Katzen haben sich um die Theke versammelt, manche sitzen gemütlich obendrauf, andere auf weich gepolsterten Barhockern. Lionella hingegen hat sich den höchsten Platz reserviert und thront über allen anderen Stubentigern auf der roten Vitrinenabdeckung einer klassischen Popcornmaschine.

LIONELLA:
Ruhe im Gerichtssaal! Das Miauen wird unverzüglich eingestellt!

MARA:
Keine Katze würde je miauen, solange keine Menschen anwesend sind.

LIONELLA:
Fehlplatzierte Besserwisserei wird mit Ausschluss aus dem Gerichtssaal bestraft. Letzte Verwarnung, Mara!

Ein Moment des Schweigens.

MONRICK:
Bringen wir es vielleicht mal hinter uns? Meine Siesta ist überfällig.

LIONELLA:
Nun denn, bringen wir es hinter uns! Dem Angeklagten Caspar wird also vorgeworfen, dem Menschenweibchen Clementine einen Lebkuchen mit Thunfischfüllung untergeschoben zu haben. Und ich verstehe noch immer nicht so recht, inwiefern das problematisch sein soll. Wie könnten diese komischen Lebkuchen ohne Fischgeschmack überhaupt nur ansatzweise schmackhaft sein?

CASPAR:
Also, das ist so: Clementine... sie ist... also nun ja...

ERDBEERCHEN:
Sie ist Vegetarierin.

MONRICK:
Vegetarierin? Oh weh! Menschen sind schon manchmal echt komisch drauf.

LIONELLA:
Das tut jetzt nichts zur Sache. Wir befinden uns in einer Gerichtsverhandlung.

ERDBEERCHEN:
Apropos Gericht... gibt es hier keine Snacks?

AURORA:
Hier gibt es seit Jahrzehnten keine Snacks mehr. Wir hätten uns schon selbst etwas mitbringen müssen.

LIONELLA:
Also gut! Da wir Katzen davon zu wenig verstehen, sollten
wir die Angelegenheit kurz erläutern! Aurora, du bist unser
Lexikon auf vier Pfoten. Ich rufe dich daher auf, uns den Vegetarismus zu erläutern!

AURORA:
Manche Menschen verzichten auf Nahrungsmittel, die aus Tieren gewonnen werden.

MARA:
Dazu hätte ich eine Verständnisfrage: Hat Clementine den
Lebkuchen absichtlich gegessen?

CASPAR:
Ja, sie mag Lebkuchen. Sie liebt zuckersüße Plätzchen, Schoko-
lade, Bonbons und dieses ganze Zeugs. Sie wusste bloß nicht,
dass der Lebkuchenteig mit Thunfisch vermengt war.

MARA:
So viel ich weiß, benutzt meine Familie Eier und Butter, um
diesen Lebkuchenteig herzustellen. Verhält sich das in eurem
Umfeld anders, Erdbeerchen und Caspar?

ERDBEERCHEN:
Nein, unsere Menschen verwenden wohl eine ähnliche Rezep-
tur.

MARA:
Aber diese Zutaten werden genauso aus Tieren gewonnen.
Warum sollte Clementine den fertigen Lebkuchen also essen?

AURORA:
Ich habe mich wohl missverständlich ausgedrückt. Wer sich
vegetarisch ernährt, verzichtet auf das Fleisch toter Tiere.
Würde sie auch auf Milch, Eier oder Butter verzichten, wäre
sie eine sogenannte Veganerin.

MONRICK:
Stimmt. Als Bauernhofkatze kann ich bestätigen, dass niemand eine Kuh schlachten muss, um ihre Milch zu bekommen.

MARA:
Demnach können Vegetarier*innen also Milch aus der Kuh
trinken, ohne sich dafür schämen zu müssen?

MONRICK:
Igitt, nein. Wer trinkt die Milch denn bitte direkt aus der Kuh?
Nicht einmal Menschen sind dazu fähig. Kühe werden gemol-
ken, und die Milch in Eimern gesammelt. Unsere Familie
kommt dadurch in den Genuss von herrlich frischer Milch. Ich
durfte mitunter auch davon kosten, sie ist herausragend.
Manchmal habe ich schon heimlich etwas aus der Corn-
flakes-Schüssel der Kinder genascht, wenn gerade niemand
hingeguckt hat.

CASPAR:
Trotzdem mag Clementine keine Milch von Kühen. Sie bevorzugt Hafermilch. Das ist der neueste Trend unter Menschen.

LIONELLA:
Genug jetzt! Das Thema dieser Gerichtsverhandlung ist nicht Milch, sondern Thunfisch. Und nun wissen wir alle, dass Clementine keinen Fisch mag. Somit hat Caspar ihre Würde verletzt, indem er ihr einen Thunfischlebkuchen untergeschoben hat. Was hast du also zu deiner Verteidigung zu sagen, Caspar?

CASPAR:
Das ist nicht ganz richtig, ehrwürdige Lionella! Ich habe niemandem Thunfischlebkuchen untergeschoben, und schon gar nicht bewusst. Der Thunfisch war mit dem Teig vermengt. Das ist ein Versehen gewesen. Die fertigen Lebkuchen wurden der ganzen Familie vorgesetzt. Und Clementine hat sich den ersten Lebkuchen geschnappt. Es war ein Lebkuchenengel. Sie hat ihm eigentlich nur den Heiligenschein abgebissen.

MARA:
Und dann war sie sicherlich wegen des Fischgeschmacks irritiert.

ERDBEERCHEN:
Sie war außer sich vor Wut, hat sie aber nicht gegen uns Katzen gerichtet.

LIONELLA:
Doch wie ist es geschehen, Caspar? Du behauptest, dass du Clementine oder der gesamten Familie den Thunfisch nicht bewusst untergeschoben hast. Aber wie ist der Thunfisch in den Lebkuchenteig gelangt?

CASPAR:
Das war ein richtig blödes Versehen. Ich habe aus meinem Katzennapf gegessen, nachdem mir frischer Thunfisch serviert wurde. Der Vater der Familie bereitete währenddessen mit Sohn Nikolas den Lebkuchenteig vor. Zwischenzeitlich hatten sie aber die Küche verlassen und ich saß dort alleine herum. Da wurde ich neugierig, leider viel zu neugierig. Ich behielt sogar noch ein großes Stück vom Thunfisch zwischen meinen Zähnen, als ich auf den Stuhl sprang, um mir dieses Gemisch im Mixer einmal genauer anzusehen. Und als ich mich mit meinem Köpfchen über den Mixer beugte, ist mir dieses kleine Missgeschick passiert. Der Thunfisch fiel in das Gemisch und wurde anschließend nicht mehr gesehen. Etwas später wurde er vollkommen unbeabsichtigt mit dem anderen Zeug vermengt.

MARA:
Und da Menschen keine Katzensprache beherrschen, konntest du sie nicht vorwarnen, bevor sie sich ihre ganz speziellen Thunfischlebkuchen gebacken haben.

CASPAR:
Schlimmer noch: Clementine hat seitdem ihren Bruder Nikolas im Verdacht. Sie ist richtig sauer auf ihn.

MONRICK:
Also wurde Clementine zu einer Zitrone?

LIONELLA, MARA *und* ERDBEERCHEN *im Chor:*
Monrick!!!

MONRICK:
Entschuldigung!

LIONELLA:
Zum Abschluss rufe ich noch Erdbeerchen in den Zeugen-
stand!

ERDBEERCHEN:
Danke, hochwürdige Lionella! Als ältester Kater dieser Familie
hab' ich stets auf Caspar aufgepasst. Ich verstehe zwar nichts
von Clementines Ernährung, und bringe Vegetarismus und
Veganismus noch immer durcheinander, aber das tut nichts
zur Sache. Ich weiß, dass Caspar ein liebenswürdiger Kater ist,
und der Familie stets Glück und Freude brachte. Sein Verge-
hen war ein Versehen. Er ist unschuldig.

LIONELLA:
Du gehörst zwar zur selben Menschenfamilie wie Caspar, aber
warst du auch anwesend, als die Tat, oder vielmehr das Versehen verübt wurde?

ERDBEERCHEN:
Nein, zu dieser Zeit habe ich mich draußen aufgehalten, weil

ich diesen eigenwilligen Zimtgeruch nicht leiden kann. Aber ich kann bezeugen, dass Caspar niemals zuvor etwas Böses getan hat, wodurch ein Familienmitglied Schaden genommen hätte, oder dessen Würde verletzt worden wäre. Also bin ich Zeuge und als solcher auch glaubhaft.

Monrick schläft ein.

LIONELLA:
Aurora, Mara und Monrick: Hat jemand von euch etwas dazu beizutragen oder dagegen einzuwenden? Dies ist die letzte Gelegenheit, eure Stimme zu erheben.

Allgemeines Schweigen im Raum.

LIONELLA:
Dann verkünde ich nun folgendes Urteil: Caspar ist unschuldig, denn Katzen werden in der Regel nicht von anderen Katzen schuldig gesprochen. Sie handeln stets im Sinne ihrer Natur und tun manchmal Dinge, die den Menschen nicht gefallen. So ist auch Caspar bloß neugierig gewesen, wobei ihm ein kleines Versehen unterlaufen ist.

CASPAR:
Danke, euer Hochwürden! Leider wird Nikolas aber nach wie vor zu Unrecht verdächtigt. Ich wünschte, ich könnte einfach schnell die Menschensprache erlernen und Clementine alles gestehen.

MARA:
Kopf hoch, Caspar! Manche Dinge können wir eben nicht beeinflussen!

Monrick erwacht.

MONRICK:
Was ist passiert? Habe ich das Urteil verschlafen?

AKT ZWEI:
EIN NACHMITTAG IM KREISE DER FAMILIE

Das Esszimmer der Menschenfamilie, bestehend aus Tochter Clementine, Sohn Nikolas und Papa Noel. Alle sitzen gesellig zu Tische, auch die Katzen sind zugegen. Erdbeerchen schlummert in seinem Körbchen, Caspar schleicht sichtlich nervös um Clementines Stuhl herum. Der Raum ist festlich dekoriert und entfacht den besinnlichen Flair der Vorweihnachtszeit. Ein großer Adventskranz mit nunmehr zwei brennenden Kerzen hängt über dem reich gedeckten Tisch von der Decke. Vom Lebkuchenvorrat fehlt jede Spur, stattdessen bereichern Plätzchendosen voll Vanillekipferln, Kokosmakronen und Spekulatius, ein Obstkörbchen mit frischen Mandarinen sowie ein schneeweiß schimmernder Christstollen die Tafel.

PAPA NOEL:
Clementine, du rührst ja deinen Christstollen gar nicht an. Was stimmt denn mit unserer kleinen Naschkatze nicht?

CLEMENTINE:
Entschuldige, Papa, er sieht wirklich köstlich aus. Aber wenn

ich an diesen Thunfischlebkuchen zurückdenke, hab' ich gleich wieder den Drang, speien zu müssen.

NIKOLAS:
Speien? „Kotzen" heißt das. Aus welchem Jahrhundert kommst du noch gleich?

CLEMENTINE:
Sei du bloß still! Ich weiß genau, dass DU das gestern verursacht hast.

NIKOLAS:
Für wen hältst du mich eigentlich? Ich hab' diesen bescheuerten Teig nicht mit Thunfisch verseucht. Warum sollte ich so viel Zeit und Mühe ins Backen stecken, wenn ich später selbst nichts davon essen kann, weil diese misslungenen Lebkuchen total widerlich schmecken? Das war immerhin ein aufwendiges Gemeinschaftsprojekt zwischen Papa und mir, und ich war nicht nur sein Gehilfe.

PAPA NOEL:
Niemand von uns mag Thunfischlebkuchen. Nicht einmal unsere beiden Kater. Für Katzen sind Lebkuchen einfach nur schädlich. Ich habe sie mittlerweile weggeschmissen. Aber vorher habe ich mich Clementine gegenüber solidarisch gezeigt und selbst einen Thunfischlebkuchen gegessen. Mein Magen hat mir das echt übel genommen, aber ich will ja ein guter und fairer Papa sein.

CLEMENTINE:
Aber du bist kein Vegetarier, Papa. Das ist was anderes.

PAPA NOEL:
Nein, aber ich hasse Thunfisch. Ich weiß schon: Aus deiner Perspektive betrachtet ist es mehr als bloß Ekel, aber die Sache ist nun einmal geschehen.

CLEMENTINE:
Aber WIE ist das geschehen? Irgendjemand muss doch den Thunfisch in den Mixer geschmissen haben.

PAPA NOEL:
An diesem Tag haben nur Caspar und Erdbeerchen Thunfisch bekommen. Ich schätze, dass davon irgendetwas in den Teig gelangt ist.

NIKOLAS:
Dann frag doch Caspar oder Erdbeerchen, wenn du einen Tä-ter suchst, Clem!

CLEMENTINE:
Wie soll denn einer von den beiden an den Mixer gekommen sein? Und wieso sollten sie ihren herzallerliebsten Thunfisch verschwenden? Das ist doch absurd, Nikolas!

NIKOLAS:
Denk' doch, was du willst, Schwesterchen! Ich hab' die Schnauze voll. Wenigstens weiß ich selbst noch, dass ich un-schuldig bin.

PAPA NOEL:
Jetzt vertragt euch doch mal! Vielleicht war es wirklich Caspars Schuld. Er saß doch zur Tatzeit in der Küche und hat auch gerade gefuttert. Und wir hatten immerhin kurz den Teig aus den Augen gelassen.

NIKOLAS:
Stimmt, wir wollten auch Erdbeerchen füttern, aber der war verschwunden. Wir hatten über eine Viertelstunde nach ihm gesucht und ihn irgendwo in der Nachbarschaft gefunden. Der haut immer ab, wenn bei uns gebacken wird. Irgendwas daran mag er wohl nicht.

PAPA NOEL:
Das kann ich bestätigen. Wir hatten Caspar gestern unbeaufsichtigt in der Küche gelassen. Das war vielleicht etwas gedankenlos, aber normalerweise stellt Caspar eigentlich nichts mit dem Teig und den Backwaren an.

NIKOLAS: Tja, es sieht so aus, als wäre Caspar unser Gebäckvernichter.

Caspar wendet sich von Clementine ab und springt Nikolas schlagartig auf den Schoß.

NIKOLAS:
Hey, was ist denn los, Caspar? Stimmst du mir etwas zu? Ist das ein Schuldeingeständnis?

Nikolas streichelt Caspar über das Fell.

CLEMENTINE:
Ach, ist schon gut. Vielleicht bist du ja echt unschuldig, Nikolas. Aber ich kann mir irgendwie nicht verzeihen, dass ich ein
Stückchen Thunfisch gegessen und meine eigenen Prinzipien
verletzt habe.

PAPA NOEL:
Wie viel kann das denn schon gewesen sein? Du hast dem Engel nur seinen Heiligenschein abgebissen und den Rest davon
weggeschmissen. Damit hast du deinen eigenen Heiligenschein bewahrt, Engelchen.

CLEMENTINE:
Ich fühle mich nach dieser Tat aber echt nicht wie ein Engel.

PAPA NOEL:
Du wusstest doch nicht, dass Thunfisch im Lebkuchen enthal-
ten war. Woher hättest du das auch wissen sollen? Sei nicht so
streng zu dir, Clem!

CLEMENTINE:
Papa Noel findet einfach immer die richtigen Worte. Danke
dir! Darf ich meinen Christstollen trotzdem später noch essen?
Ich würde gerne Onkel Rudolf besuchen und nach den Pferden sehen.

PAPA NOEL:
Das ist eine sehr gute Idee. Geh' ruhig! Du kannst heute

Abend zum Dessert noch Christstollen essen. Ich wollte mich an einer Bratapfelpizza versuchen. Das Patent hat bisher bestimmt noch niemand angemeldet, wahrscheinlich nicht mal einer dieser Meisterköche. Vielleicht würde es sich also lohnen. Vorher brauche ich aber meine beiden Kinder als Versuchskaninchen.

CLEMENTINE *(lacht)*:
Oje, Papa! Du holst wirklich alles aus Weihnachten heraus, was möglich ist... sei es auch noch so absurd!

NIKOLAS:
Klingt doch perfekt. Darf ich dir helfen?

PAPA NOEL:
Klar, aber lass uns bitte eine Stunde VORHER schon die Katzen füttern!

Clementine begibt sich zur Haustür. Caspar folgt ihr.

CLEMENTINE:
Willst du etwa mitkommen, kleiner Racker? Du hast wohl auch keinen Hunger.

AKT DREI:
THERAPIEGESPRÄCH MIT PFERDEN

Onkel Rudolfs Pferdekoppel. Ein abgeschiedenes Plätzchen jenseits von grellen Lichterketten und künstlicher Christbaumbeleuchtung. Der Ort wirkt meditativ, aber nicht festlich. Nicht ein einziger Tan-

nenbaum prägt die Kulisse, allerdings sitzt noch immer eine Kürbis-
laterne mit eingeschnitzter Gruselgrimasse im Gras außerhalb der
Koppel. Drei Pferde haben sich bereits am Zaun versammelt, als
würden Sie Clementine sehnsüchtig erwarten. Rudolf sitzt auf einer
Holzbank und liest ein Pferdemagazin.

RUDOLF:
Clementine! Wie schön, dass du noch vorbeigekommen bist,
bevor die werte Sonne untergeht. Ich muss gleich noch den
Stall ausmisten. Es wäre toll, wenn du dich in der Zwischen-
zeit um meine Liebsten kümmern würdest. Spekulatius, Zimtstern und Marzipan stehen auf der Koppel sehr friedlich bei-
sammen, wie du bestimmt schon bemerkt hast.

CLEMENTINE:
Dafür bin ich doch hier. Und Caspar sicher auch. Nicht wahr,
Caspar?

RUDOLF:
Super! Ach ja, der Postbote hat mir heute die neue Ausgabe
von „Alles für mein Pferd" gebracht. Habe sie mir gerade
schon durchgelesen. Du kannst dir das Heftchen später gerne
mitnehmen. Ist ja immer eine schöne Gute-Nacht-Lektüre.

CLEMENTINE:
Danke, Onkel Rudolf! Ich wünsche dir noch einen schönen
zweiten Advent!

RUDOLF:
Danke, Clementine! Aber ich hab' irgendwo zwischen Hallo-

ween und dem Martinsfest die Orientierung verloren. Deshalb ist die Weihnachtsstimmung bei mir auf der Strecke geblieben.

CLEMENTINE:
Immer diese Ausreden! Ich weiß doch, dass du Weihnachten nicht magst.

RUDOLF:
Erwischt! Bis dann, Kleine!

Rudolf tritt ab. Clementine gesellt sich zu den Pferden.

SPEKULATIUS:
Endlich! Clementinchen ist da! Das großartige Clementinchen!

ZIMTSTERN:
Hey, was ist mit ihr? Ich glaube, sie hat Sorgen.

MARZIPAN:
Clementine mein, Clementine klein,
Warum scheinst traurig du zu sein?

CLEMENTINE:
Ach, ihr Lieben! Ich bin froh, euch zu sehen! Ich hab' das Gefühl, dass ich mit jemandem reden muss. Aber mit meiner Familie kann ich darüber nicht sprechen.

SPEKULATIUS:
Hört ihr das? Sie vertraut uns. Sie würde uns alles anvertrauen.

ZIMTSTERN:
Na klar, Spekulatius, du Narr! Das liegt daran, dass sie die
Sprache der Pferde nicht beherrscht und von uns kein Urteil
zu erwarten hat. Zumindest würde sie unser Urteil nicht
wahrnehmen.

SPEKULATIUS:
Habt ihr eigentlich schon einmal darüber nachgedacht, warum
wir die Menschen immer verstehen, sie uns allerdings nicht?

ZIMTSTERN:
Wir sind eben intelligenter als Menschen. Was erwartest du
also von ihnen?

CLEMENTINE:
Wisst ihr, es ist so: Ich habe gestern versehentlich in einen Lebkuchenengel gebissen, der mit Thunfisch gefüllt war. Na ja,
wahrscheinlich hat der liebe Caspar dafür gesorgt, dass der
Thunfisch in den Teig gelangt ist.

SPEKULATIUS:
Was höre ich da? Thunfisch? Im Lebkuchen?

ZIMTSTERN:
Höchst widerlich! Was stimmt eigentlich mit den Menschen
nicht?

MARZIPAN:
Thunfisch, edles Meereswesen

Nimmermehr wirst du genesen
Erfüllst die Katz zur Schlemmerzeit
Mit einem Hauch von Seligkeit
Doch erstrahlst zum Kaffeekranz
Als Engelchen zu neuem Glanz

CLEMENTINE:
Ich gebe zu, dass ich Nikolas die Schuld dafür zuschieben
wollte, um von meiner eigenen Geschmacksverirrung abzu-
lenken. Es ist nämlich so, dass ich es insgeheim wirklich ge-
nossen habe.

SPEKULATIUS:
Aber ist das nicht schön, Clementinchen? Warum plagt dich
denn der Kummer, wenn du deinen Magen mit etwas Gutem
füllen konntest?

ZIMTSTERN:
Sie ist Vegetarierin. In dieser Hinsicht ist sie quasi eine von
uns.

SPEKULATIUS:
Clementinchen ist im Herzen ein Pferd?

CLEMENTINE:
Ich hätte einfach niemals geahnt, wie lecker solch ein Thunfischlebkuchen eigentlich schmeckt. Doch jetzt bin ich irgendwie auf den Geschmack gekommen, auch wenn ich das natür-
lich niemals zugeben würde. Beim Zerkauen habe ich mich be-
müht, besonders angeekelt dreinzuschauen, weil Papa Noel

und Nikolas zugegen waren. Und dann rannte ich in die Küche und wollte den Lebkuchenengel in den Mülleimer befördern. Da ich aber gerade unbeobachtet war, überlegte ich es mir anders. Ich habe den Engel dann komplett aufgegessen. Und niemand darf das je erfahren. Niemand würde mich als Vegetarierin noch ernst nehmen.

ZIMTSTERN:
Nein, sie ist definitiv kein Pferd. Aber ich nehme sie trotzdem noch ernst.

SPEKULATIUS:
Ja, die Ärmste! Ich werde sie immer schätzen und verehren, ganz egal, wie viele Thunfische sie sich einverleiben wird.

MARZIPAN:
Oh Clementine, sei nicht traurig
Scheint doch das Leben manchmal schaurig
Wir bleiben ewig dir verbunden
In guten wie in schlechten Stunden

SPEKULATIUS:
Marzipan hat wieder einmal die richtigen Worte gefunden.

ZIMTSTERN:
Ja, das hat sie, die gute Marzipan.

CLEMENTINE:
Ach Marzipan, du blickst gerade so zuckersüß drein. Aber ich muss mich jetzt leider nachhause begeben. Die Sonne wird

bald untergehen. Meine Stimmung hat sich nun auch etwas verbessert. Irgendwie spüre ich, dass ihr mich versteht. Und bestimmt werde ich künftig keinen Thunfisch mehr essen. Ich könnte es ja mal mit veganem Thunfisch versuchen. Ob man den auch in Lebkuchenteig schmuggeln kann?

Ein Moment des Schweigens und der Sprachlosigkeit.

CLEMENTINE:
Nur ein Scherz! Papa würde durchdrehen.

SPEKULATIUS:
Er würde es wohl mit Humor nehmen. Ich glaube, Noel ist einer der besten Papas auf der ganzen weiten Welt.

ZIMTSTERN:
Ich hab' zumindest noch keinen freundlicheren Papa getroffen.

MARZIPAN:
So würdige des Tages Rest
Bring Caspar in sein warmes Nest
Und hege niemals falschen Groll
Vielleicht hat bloß ein Weihnachtstroll
Den Thunfisch schelmisch eingebacken
Um Zimtsterne dann einzusacken
Die Vatern euch lieb dargebracht
Der seine Kinder sanft bewacht
Drum schätzt euer Familienglück
Nebst knusprigem Adventsgebäck

Schon früh kehrt ein des Kummers Wende
Nach der Komödie süßem Ende

Clementine streichelt die drei Pferde zum Abschied. Anschließend spaziert sie gemeinsam mit Caspar dem Sonnenuntergang entgegen.

Lyrisches zur Winterzeit

Belebte Eislandschaft

Schüchtern traumwandelt am Tage die Wintersonne
Umkreist den dämmrigen See, welcher fein versiegelt
Unter gläsernem Laken sich selig Ruhe gönne
Leichtfüßige Menschen sind derweil beflügelt
Munter, aber zaghaft dem Tanze zu frönen
Waghalsig scheint bloß ihre Choreographie
Manche rasten schniefend in schneeweißen Dünen
Trotz Kälte verharrend voll süßer Euphorie

Wintertage, Winternächte

Wachsbleiche Wintertage und weltentrückte Winternächte
Sind stets erfüllt vom Farbenschein der Lichterglanzgeflechte
Da weißer Sternenstaub zugleich in irdische Gefilde dringt
Und voll Sehnsucht süß Erträumtes zu weit entlegnen Dörfern
bringt
Weckt bald solch festliches Gemälde aus eiskristallenem Acryl
Still von nah wie fern betrachtet manch höchst wohliges Ge-
fühl
So entbrennt nicht bloß im Banne rauer Kirchturmglocken-
klänge
Jene einträchtige Zeit der Geschichten und Gesänge

Tanz des Schneevogels

Zu später Stunde wacht eine schier mystische Gestalt
Stolz im heimischen Geäst der turmeshohen Fichte
Thront stumm über solch elysischem Märchenwald
Und ehrt die Einsamkeit verschwiegener Winternächte

Als geheime Majestät unter Baumeskronen
Gehüllt in Gefieder von schneeweißer Pracht
Scheint ein tiefblaues Feuer ihr innezuwohnen
Das bei Sternengefunkel Träume entfacht

Ihr Glanz erleuchtet den Wald zur Winterfeier
Solch trautem Anbeginn einer magischen Zeit
Eiskristallene Augen durchdringen den Schleier
Jener vom Froste beseelten Dunkelheit

Frech umspielen Flockenwirbel das hübsche Federkleid
Und geleiten die Königin empor zu den Sternen
Beim Himmelstanz nun von irdischen Fesseln befreit
Zerstiebt des Schneevogels Pracht schon bald in alle Fernen

Dezember

Loblieder auf Tannenbäume

Würzig warme Winzerträume

In stillen Gassen Lichterglanz

Nebst manch famosem Flammentanz

Handverzierte Weihnachtskätzchen

Der Duft von frisch geback'nen Plätzchen

Zimt wohnt allen Dingen inne

Die Schneefrau schmilzt verzagt dahinne

Bis jener Monat dann verstrichen

Und frohe Mienen teils verblichen

Doch kehrt das Glück vielleicht sogar

Schon bald zurück im neuen Jahr

Zeitenreise einer Lebkuchendame

Einst erschaffen in trauter Familienküche
Jenem Paradies wohliger Gerüche
Ward bei Zimtsterngewimmel zur Wintersnacht
Ihr Gemüt einer Lebkuchendame entfacht

Das Geheimnis derer mit solch knusprigen Zöpfen
Schien sorgsam verwahrt fortan in Kindesköpfen
Und niemand wagte je, ihren Leib zu verspeisen
Daher durfte sie wundersame Zeiten bereisen

Die marzipanbraunen Augen blieben weit aufgerissen
So gewann besagte Späherin ungeahntes Wissen
Gar fidel am Fenster sitzend, tagein wie tagaus
Vernahm sie jedwede Regung, selbst den Windstoß von drauß'

Bald bestrich der Lenz dies' Land mit manch farbiger Glasur
Jäh erwachte allseits unsre selige Natur
Die Lebkuchendame lauschte den Vogelgesängen
Bestaunte sprunghafte Falter auf sanften Schwingen

Als jener Feuerball des hellen Tags am Himmel glühte
Trugen Menschen Kokosmakronen längst wie hochfeine Hüte
Kinder naschten kalte Wattebäuschchen voll von Zuckerguss
Während der Rocksaum unsrer Reisenden bereits zerfloss

Dann fielen bei des Windes beharrlichem Gesäusel
Die Blätter vom Baume wie bunte Schokoladenstreusel
Gefiederte Gesellen schwiegen, ganz entschwunden schon
Den sehnsuchtsvoll verträumten Blicken der Adventskreation

Zu weichem Schneegestöber und Weihnachtsheiterkeit
Saß sie als schöne Zierde erstmals auf grünem Nadelkleid
Doch fortwährend verbarg die süße Lebkuchenfassade
Das im Innern pochende Herz aus Erdbeermarmelade

Die Legende vom Krähenwinter

Wenn bei Dämmrung dreizehn pechschwarze Krähen
Furchtlos durch gespenstischen Nebel spähen
Erwacht ein Dorf, ganz verhüllt in weißem Flausch
Wohl nimmermehr aus derart seligem Rausch
Verborgen wie manch schwach schimmernder Opal
So niemand je erreicht das verwunschene Tal

Bewahrt bleibt, was heimische Seelen beglückt
Sanft schlummernd längst der alten Welt entrückt
Da süße Träume ewiglich bestehen
Wird Leben im Schlafe unbemerkt verblühen
Doch die Gefiederten, betagt und gescheit
Hüten das Geheimnis bis zum Ende der Zeit

Dies ist bekannt als mystische Legende
Auf Pergament geschrieben einst zur Winternacht
Und im Lande verweht durch fröstelnde Winde
Bloß die Krähen wissen, ob wahr oder erdacht

Winterglück

Wo frostige Kristalle friedsam schlummern
Kalte Nächte hindurch gar selig schimmern
Haben jene vom Tal zum Berge droben
Des Winters zartseidenes Kleid gewoben

Alljährlich lockend mit süßem Versprechen
Auf des Schimmels Rücken wild vorzupreschen
Zum Ausritt über versunkene Felder
Forttreibend im Dunste schwindender Wälder

Doch wo diesseits ihr Monument begehrlich
Da jedwedes Flöckchen bloß sanft und zierlich
Kaum dass sie in sämtliche Winde stieben
Scheint auf Erden kein weißes Glück mehr verblieben

Ein seltener Tanz

Eisige Stille, kristallener Duft

Manch säuselnder Wind weckt schläfrige Luft

Geheimes bleibt im Diesseits bestehen

Niemand weiß, wohin die Flöckchen ziehen

Doch werden alljährlich zur Wintersnacht

Legenden von Schneeköniginnen erdacht

Da solch wahrhaftig majestätischer Glanz

Der Winzlinge beim geschmeidigen Tanz

Obgleich jener Takt bloß noch selten erklingt

Bibbernden Beobachtern Freude bringt

Drei Haselnüsse für das Winterhörnchen

Drei Haselnüsse schwebten in schier frostzittriger Nacht
Wie Boten des Himmels vom Baume hernieder
Versanken tief im Dickicht glitzernd weißer Flockenpracht
Doch fand ein Eichhorn jene Schätze früh im Morgentaumel
wieder

Sanft befühlten seine Pfötchen die unscheinbare Hülle
Der ersten von Magie beseelten Haselfrucht
Und deren Kräfte schufen dann aus Eichhorns Traumesfülle
Das seither größte kleine Wunder nah' der Waldesschlucht

Ein Puppenhaus von nie zuvor erspähter Dimension
Brach bebend aus dem winterlichen Erdengrund empor
Als jüngst dem Märchenbuch entrissene Eichhörnchenpension
Barg sie entzückende Gemächer samt klassischem Dekor

So huschte Rotfellchen nun flink umher in jener trauten Stätte

Plötzlich tief durchdrungen von wonnig warmer Euphorie

Vollführte auf dem Holzparkett manch engelsgleiche Pirouette

Und ergab sich schließlich gänzlich dem Sog der Szenerie

Ewig schlummerte das Esszimmer im Kerzenlichterschein

Welch schier ungetrübtes Stillleben in der Zeiten Fluss

Doch keineswegs mochte das Hörnchen schon wunschlos
glücklich sein

Denn voll Magie erstrahlte derweil auch die zweite Haselnuss

Aus des Zauberbannes grellfarbenem Glitzerreigen

Entspann sich dann geschwind ein verlockendes Bankett

Waldesfrüchte aller Länder, hübsch umziert von
Tannenzweigen

Reich dargebracht auf feinst miniatürlichem Tablett

Nach ausgiebiger Mahlzeit nun gefühlt dem Himmel nah

Erbat sich unser Eichhörnchen noch einen letzten Wunsch

Während es erwartungsvoll die dritte Haselfrucht besah

Dachte es mitnichten bloß an schnöden Erdnusspunsch

Urplötzlich war sein Fell umschmiegt von göttlich zarter Seide

In der Puppenschneiderei gefertigt durch wohl unsichtbare
Hand

Geschmeidig tänzelte das Hörnchen in solch schönem
Abendkleide

Seither nimmermehr entflohen aus des Winters Märchenland

Wunderland der Weihnachtswünsche

Wo Lichter von malerischem Glanz
Des Winters Finsternis erhellen
Wird bald die wehrlose Weihnachtsgans
Manch unbändigen Hunger stillen

Zu dem Gesang von Engelschören
Braut die Winzerin himmlischen Wein
Um nebst den Feuerbann zu schüren
Der rasch lindert des Fröstelnden Pein

Wer berauschenden Tränken entsagt
Schwelgt mehr in süßen Sinnesfreuden
Da Kakao Leib und Seele behagt
Doch niemals den Verstand lässt scheiden

Die Crêpe als Füllhorn der Genüsse
Erwärmt das schier eisige Gemüt
Wenn drauß' vor festlicher Kulisse
Ein Lichtlein solch bunte Funken sprüht

Auch Kunsthandwerk entzückt die Scharen
So spricht Magie aus allen Dingen
Wo Püppchen Kindheitsträume wahren
Und Christbaumglöckchen leise klingen

Erfüllt vom Dufte der Maronen
Locken die Märkte mit Speis und Tand
Jene dem tristen Heim entflohnen
In ein verwunschenes Wunderland

In des Winters Fängen

Jener eisige Winter ist seither nicht verflogen

Er kauert, dem trotzigsten Kinde gleich, stets im trauten Eck

Und schmeckt, sobald ihm selbst die Weihnachtsmagie ward
entzogen

Bloß mehr nach vulkansteinhartem, einstmals verschmähtem
Gebäck

Gemach zerrinnen zarte Flöckchen über grauen Feldern

Während ich freudlos verharre in des Winters Fängen

Doch südländische Küstenträume mögen mein Schicksal
mildern

Bis Schwärme bunter Falter holden Frühling mit sich bringen

EIN BESINNLICHES NACHWORT

Nein, ich brauche keine „würzig warmen Winterträume", um die Festtage genießen zu können. Im Gegenteil, denn ich halte jeden noch so winzigen Tropfen Alkohol von meiner Zunge fern. Ebenso meide ich allzu sehr frequentierte Weihnachtsmärkte oder entfliehe nach spätestens einer Stunde dem Trubel. Besinnlichkeit bleibt eben eine Frage des Geschmacks. Ich gebe aber gerne zu, dass ich die Vorweihnachtszeit verehre und meine persönlichen Traditionen pflege:

Herzallerliebste Weihnachtsdekoration und farbenfrohen Christbaumschmuck…

… Adventsgebäck und allerlei Süßwaren mit vorweihnachtlicher Geschmacksnote, aber bitte ohne Thunfischfüllung…

… das Weihnachtsalbum von Kylie Minogue oder generell tolle Weihnachts(pop)musik…

… „Aschenbrödel" und die „Hoppenstedts" sowie weitere liebenswerte Weihnachtsfilme…

… tägliche Überraschungen aus dem Adventskalender…

… ausgiebige Schneespaziergänge, sofern sie mir vergönnt sein mögen…

… stimmungsvolle Tanzpartys bei Kerzenlichterschein…

… Weihnachtseinkäufe für liebe Menschen oder mich selbst…

… Weihnachten mit der Familie…

… und vieles andere mehr.

Hinter diesem Sammelband verbirgt sich mein persönliches Bestreben, die Magie der Winterzeit einzufangen, auch unabhängig vom sogenannten Geist der Weihnacht, welcher wiederum für jeden Menschen etwas anderes bedeuten mag. Es ist ein Projekt, das ich eigentlich schon vor Jahren zu verwirklichen gedachte, und welches mir somit besonders am Herzen lag.

Neben meinem ersten eigenen Theaterstück, das erst kürzlich verfasst wurde, sind alle winterlichen und weihnachtlichen Gedichte aus meiner Lyriksammlung in dieses Buch eingeflossen. So finden sich dort einerseits Texte neueren Datums („Tanz des Schneevogels", „Drei Haselnüsse für das Winterhörnchen" u.a.) und andererseits einige bereits zuvor abgedruckte Werke wieder (etwa „Winterglück" aus 2017 und „Die Legende vom Krähenwinter" aus 2020). Aus dem Jahr 2018 stammt das „Wunderland der Weihnachtswünsche", dem ich zu diesem besonderen Anlass sogar drei zusätzliche Strophen beschert habe.

Zum Abschluss möchte ich noch meiner lieben Freundin Maika Möbus für die Korrekturlesung von „Thunfischweihnachten" danken. Sie trug mit ihrem unermüdlichem Einsatz

auch dazu bei, dass der Sammelband pünktlich zur Vorweihnachtszeit veröffentlicht werden kann.

Und nun wünsche ich euch zur Winterzeit all das, was euch
Glück und Frohsinn bereitet… ganz unabhängig davon, wie
ihr diese Jahreszeit zelebrieren mögt.

Topsy-Sophia Schmitt
im November 2024

Die Autorin

Topsy-Sophia Schmitt war stets *Wanderin im Paradiese*, so der Titel ihres späteren Lyrikbandes, und sah sich als solche in der irdischen Natur willkommen geheißen. Wenngleich sie sich weiterhin kaum vom Gedicht fortzureißen vermag, wendet sie sich nun auch vermehrt prosaischen Texten zu. Aus diesen Bestrebungen ging Ende 2022 schließlich das eBook *Erdbeerchens neun Leben und weitere Katzengeschichten* hervor. 2024 erfolgte die Veröffentlichung von *Minotaurus in den Sternen*, womit die Autorin sich abermals der Lyrik verpflichtete. Beruflich arbeitet sie als Bibliothekarin. Weitere Leidenschaften gelten vor allem dem Tanz, der Lektüre und dem Film. Katzen, Spinnen und Schmetterlinge liebt sie über alles.

MIX

Papier | Fördert
gute Waldnutzung

FSC® C083411

Zeitfracht Medien GmbH
Ferdinand-Jühlke-Straße 7
99095 Erfurt, Deutschland
produktsicherheit@kolibri360.de